Utveckla elevhälsan tillsammans – en konkret guide till EHM

av

Sherry Bahri

kort om författaren ;

Sherry Bahri är en erfaren pedagog med 19 års mångsidig erfarenhet från Sveriges skolutbildning. Med en doktorsexamen i undervisning och specialistkompetens inom NPF, KBT och autism har hon arbetat som resurspedagog, klasslärare, ämneslärare, speciallärare och specialpedagog. Genom sin breda kompetens har hon mött och stöttat elever med olika bakgrunder och behov, med särskilt fokus på elever som kräver särskilt pedagogiskt stöd. Hennes djupa kunskap och engagemang gör henne till en exceptional pedagog med förmåga att skapa inkluderande och utvecklande lärmiljöer.

Innehåll

1. Introduktion: Från EHT till EHM - en ny era för elevhälsa   4

2. Grunderna i EHM: Principer och filosofi   6

3. Att skapa samsyn: Bygga en gemensam förståelse för EHM   10

4. Strukturera EHM-möten: Steg för steg guide   15

5. Roller och ansvar: Vem gör vad i EHM-processen?   19

6. Från individfokus till grupp- och organisationsnivå   25

7. Praktiska verktyg: Mallar, checklistor och protokoll
31

8. Fallstudier: Framgångsrika implementeringar av EHM
38

9. Hantera utmaningar: Vanliga hinder och lösningar
44

10. Uppföljning och utvärdering: Mäta framgång i EHM-arbetet
50

11. EHM och förebyggande arbete: Proaktiva strategier
56

12. Framtiden för EHM: Trender och utvecklingsmöjligheter
61

13. Sammanfattning: Nycklar till framgångsrikt EHM-arbete
66

14. Slutord: En ny era för elevhälsa
76

1. Introduktion: Från EHT till EHM - en ny era för elevhälsa

I dagens snabbt föränderliga skolmiljö står elevhälsan inför nya utmaningar och möjligheter. Den traditionella modellen med elevhälsoteam (EHT) har länge varit ryggraden i skolornas arbete med elevernas hälsa och välbefinnande. Men i takt med att kraven på skolan ökar och komplexiteten i elevernas behov växer, har behovet av en mer dynamisk och proaktiv approach blivit allt tydligare. Här kommer Elevhälsomötet (EHM) in i bilden - en innovativ modell som representerar nästa steg i elevhälsans evolution.

Från reaktivt till proaktivt

EHT-modellen har ofta kritiserats för att vara alltför reaktiv, där möten ofta handlar om att "släcka bränder" snarare än att förebygga dem. EHM-modellen, å andra sidan, syftar till att skapa en mer proaktiv kultur inom elevhälsoarbetet. Genom att fokusera på förebyggande insatser och tidiga interventioner kan skolor nu arbeta mer effektivt för att stödja elevernas utveckling och lärande.

Helhetssyn och tvärprofessionellt samarbete

En av de största styrkorna med EHM är dess betoning på helhetssyn och tvärprofessionellt samarbete. Istället för att olika professioner arbetar i silos, uppmuntrar EHM till ett nära samarbete mellan lärare, specialpedagoger, skolsköterskor, kuratorer och andra relevanta yrkesgrupper. Detta samarbete leder till en mer nyanserad förståelse av elevernas behov och mer effektiva lösningar.

Strukturerad process för bättre resultat

EHM erbjuder en tydlig och strukturerad process för elevhälsoarbetet. Genom att införa en konsekvent mötesstruktur, tydliga roller och ansvarsområden, samt fokus på uppföljning och utvärdering, skapar EHM förutsättningar för mer effektiva och målinriktade insatser.

Utmaningar i övergången

Övergången från EHT till EHM är inte utan utmaningar. Många skolor kämpar med att förstå skillnaderna mellan de två modellerna och hur de ska implementera EHM i praktiken. Det är här denna bok kommer in - som en konkret guide för att underlätta denna övergång och maximera potentialen i EHM-modellen.

Syfte med boken

Syftet med denna bok är att erbjuda en praktisk och lättillgänglig guide för skolor som vill implementera eller förbättra sitt arbete med EHM. Genom konkreta exempel, verktyg och strategier kommer vi att utforska hur EHM kan anpassas till olika skolmiljöer och bidra till en mer effektiv och inkluderande elevhälsa.

I de kommande kapitlen kommer vi att djupdyka i EHM-modellens olika aspekter, från grundläggande principer till praktisk implementering. Vi kommer att dela framgångsrika fallstudier, diskutera vanliga utmaningar och erbjuda lösningar baserade på beprövad erfarenhet och aktuell forskning.

Låt oss tillsammans utforska hur EHM kan revolutionera elevhälsoarbetet och skapa bättre förutsättningar för varje elevs framgång och välbefinnande.

2. Grunderna i EHM: Principer och filosofi

Elevhälsomötet (EHM) är mer än bara en ny mötesstruktur; det representerar ett fundamentalt skifte i hur vi närmar oss elevhälsoarbetet. I detta kapitel utforskar vi de grundläggande principerna och den filosofi som ligger till grund för EHM-modellen.

2.1 Salutogent perspektiv

EHM bygger på ett salutogent perspektiv, vilket innebär ett fokus på faktorer som främjar hälsa och välbefinnande snarare än att enbart identifiera problem. Detta synsätt uppmuntrar till:

Identifiering av styrkor och resurser hos elever, personal och organisation

Fokus på vad som fungerar bra och hur det kan förstärkas

Skapande av en positiv och stödjande skolmiljö

2.2 Systemteoretiskt tänkande

EHM-modellen utgår från ett systemteoretiskt perspektiv, där elevens situation ses i ett större sammanhang. Detta innebär:

Att se bortom individnivån och inkludera grupp- och organisationsnivå i analysen

Förståelse för hur olika delar av skolsystemet påverkar varandra

Insikt om att förändringar i en del av systemet kan påverka andra delar

2.3 Tvärprofessionellt samarbete

En central princip i EHM är det tvärprofessionella samarbetet. Detta innebär:

Aktivt deltagande från olika yrkesgrupper inom skolan

Värdesättande av olika perspektiv och kompetenser

Skapande av en gemensam förståelse och samsyn kring elevernas behov

2.4 Proaktivt och förebyggande arbete

EHM strävar efter att vara proaktiv snarare än reaktiv. Detta manifesteras genom:

Tidiga insatser och förebyggande åtgärder

Regelbunden uppföljning och utvärdering

Fokus på långsiktiga lösningar snarare än kortsiktiga "brandkårsutryckningar"

2.5 Elevcentrerat förhållningssätt

I centrum för EHM står elevens bästa. Detta innebär:

Att alltid utgå från elevens perspektiv och behov

Involvering av elever och vårdnadshavare i processen när det är lämpligt

Anpassning av insatser utifrån individuella förutsättningar och behov

2.6 Evidensbaserad praktik

EHM strävar efter att basera beslut och insatser på bästa tillgängliga kunskap. Detta inkluderar:

Användning av forskningsbaserade metoder och verktyg

Kontinuerlig kompetensutveckling för personal

Systematisk utvärdering och dokumentation av insatser

2.7 Strukturerad process

EHM erbjuder en tydlig och strukturerad process för elevhälsoarbetet, vilket innebär:

Definierade faser i mötesprocessen

Tydliga roller och ansvarsområden

Systematisk uppföljning och dokumentation

2.8 Flexibilitet och anpassningsbarhet

Trots sin strukturerade natur är EHM designad för att vara flexibel och anpassningsbar till olika skolmiljöer och situationer. Detta möjliggör:

Anpassning av modellen till lokala förutsättningar och behov

Kontinuerlig utveckling och förbättring av processen

Möjlighet att hantera både akuta och långsiktiga frågor

Genom att förstå och tillämpa dessa grundläggande principer och filosofier kan skolor skapa en solid grund för ett effektivt och meningsfullt EHM-arbete. I de kommande kapitlen kommer vi att utforska hur dessa principer kan omsättas i praktiken och hur de bidrar till att skapa en mer inkluderande och stödjande skolmiljö för alla elever.

3. Att skapa samsyn: Bygga en gemensam förståelse för EHM

En av de viktigaste förutsättningarna för ett framgångsrikt EHM-arbete är att alla involverade har en gemensam förståelse för modellen och dess syfte. I detta kapitel utforskar vi hur skolor kan bygga denna samsyn och skapa en stark grund för EHM-implementeringen.

3.1 Vikten av samsyn

Att skapa samsyn är avgörande för att:

Säkerställa att alla arbetar mot samma mål

Undvika missförstånd och konflikter

Öka effektiviteten i EHM-arbetet

3.2 Utbildning och kompetensutveckling

För att bygga samsyn krävs:

Grundläggande utbildning i EHM för all personal

Kontinuerlig kompetensutveckling

Möjligheter till erfarenhetsutbyte och reflektion

3.3 Gemensam begreppsapparat

Utveckla en gemensam terminologi:

Definiera nyckelbegrepp inom EHM

Skapa en ordlista eller begreppskarta

Använd konsekvent språk i all kommunikation

3.4 Tydliggörande av roller och ansvar

För att undvika oklarheter:

Definiera tydligt varje professions roll inom EHM

Klargör ansvarsområden och beslutsmandat

Skapa rollbeskrivningar och ansvarsmatriser

3.5 Gemensam vision och målsättning

Arbeta tillsammans för att:

Formulera en gemensam vision för EHM-arbetet

Sätta upp konkreta och mätbara mål

Regelbundet utvärdera och justera målsättningar

3.6 Kommunikationsstrategier

Utveckla effektiva kommunikationsvägar:

Skapa rutiner för regelbunden information och uppdateringar

Använd olika kommunikationskanaler (möten, e-post, intranät)

Uppmuntra öppen dialog och feedback

3.7 Hantera motstånd och missförstånd

Var beredd på att:

Identifiera och adressera vanliga missuppfattningar om EHM

Utveckla strategier för att hantera motstånd mot förändring

Skapa forum för att diskutera och lösa konflikter

3.8 Ledarskap för samsyn

Skolledningens roll i att skapa samsyn:

Föregå med gott exempel i EHM-arbetet

Ge tydlig riktning och stöd

Skapa förutsättningar för samarbete och dialog

3.9 Involvera alla intressenter

För en heltäckande samsyn:

Inkludera all skolpersonal, inte bara EHM-teamet

Involvera elever och vårdnadshavare när det är lämpligt

Samarbeta med externa partners och stödresurser

3.10 Kontinuerlig utvärdering och utveckling

För att upprätthålla och fördjupa samsynen:

Genomför regelbundna utvärderingar av EHM-arbetet

Använd feedback för att identifiera områden för förbättring

Var öppen för att anpassa och utveckla EHM-modellen över tid

Genom att aktivt arbeta med att skapa samsyn kring EHM lägger skolan grunden för ett framgångsrikt och hållbart elevhälsoarbete. I nästa kapitel kommer vi att utforska hur denna samsyn kan omsättas i praktiken genom att strukturera effektiva EHM-möten.

4. Strukturera EHM-möten: Steg för steg guide

En väl strukturerad mötesprocess är avgörande för framgångsrika EHM-möten. Detta kapitel ger en detaljerad guide för hur man kan organisera och genomföra effektiva EHM-möten.

4.1 Förberedelser inför mötet

Bestäm mötets syfte och agenda

Utse mötesroller (ordförande, sekreterare, tidshållare)

Samla in relevant information och underlag

Skicka ut kallelse och agenda i god tid

4.2 Mötets struktur

4.2.1 Inledning (5-10 minuter)

Hälsa alla välkomna

Gå igenom mötets syfte och agenda

Påminn om mötesregler och roller

4.2.2 Nulägesbeskrivning (10-15 minuter)

Presentera aktuell situation eller ärende

Fokusera på fakta och observationer, undvik tolkningar

4.2.3 Analys och reflektion (20-30 minuter)

Diskutera möjliga orsaker och samband

Använd olika perspektiv (individ, grupp, organisation)

Identifiera styrkor och utvecklingsområden

4.2.4 Målformulering (10-15 minuter)

Formulera tydliga och mätbara mål

Säkerställ att målen är realistiska och tidsbundna

4.2.5 Åtgärdsplanering (20-30 minuter)

Brainstorma möjliga åtgärder

Prioritera och välj lämpliga insatser

Fördela ansvar och sätt tidsramar

4.2.6 Uppföljning och utvärdering (10-15 minuter)

Bestäm hur och när åtgärderna ska följas upp

Planera för utvärdering av insatsernas effekt

4.2.7 Avslutning (5-10 minuter)

Sammanfatta beslut och åtgärder

Säkerställ att alla vet sina ansvarsområden

Boka tid för nästa möte vid behov

4.3 Dokumentation

Använd standardiserade mallar för mötesprotokoll

Dokumentera beslut, åtgärder och ansvarsfördelning tydligt

Säkerställ att dokumentationen är tillgänglig för berörda parter

4.4 Effektiva mötesmetoder

Använd tidseffektiva tekniker som runda-bordet-metoden

Implementera strukturerade diskussionsformat

Utnyttja visuella hjälpmedel som whiteboards eller digitala verktyg

4.5 Hantera utmaningar under mötet

Strategier för att hålla fokus och tidsramar

Tekniker för att hantera konflikter eller meningsskiljaktigheter

Metoder för att involvera alla deltagare

4.6 Efter mötet

Skicka ut mötesprotokoll promptt

Följ upp på beslutade åtgärder

Samla feedback för kontinuerlig förbättring av mötesprocessen

4.7 Anpassa mötesstrukturen

Tips för att anpassa mötesstrukturen till olika typer av ärenden

Hur man balanserar struktur med flexibilitet

4.8 Digitala EHM-möten

Riktlinjer för att genomföra effektiva digitala EHM-möten

Verktyg och tekniker för online-samarbete

Genom att följa denna strukturerade guide kan skolor säkerställa att deras EHM-möten blir effektiva, målinriktade och produktiva. Kom ihåg att mötesstrukturen kan behöva anpassas över tid baserat på skolans specifika behov och erfarenheter.

5. Roller och ansvar: Vem gör vad i EHM-processen?

Tydliga roller och ansvarsområden är avgörande för ett effektivt EHM-arbete. Detta kapitel beskriver de olika rollerna inom EHM-processen och deras respektive ansvarsområden.

5.1 Översikt av roller i EHM

Rektor

EHM-samordnare

Lärare/mentorer

Specialpedagog/speciallärare

Skolsköterska

Skolkurator

Skolpsykolog

Studie- och yrkesvägledare

Övrig skolpersonal

5.2 Rektors roll och ansvar

Övergripande ansvar för EHM-processen

Säkerställa resurser och förutsättningar för EHM-arbetet

Fatta beslut om övergripande insatser och åtgärder

Leda och stödja EHM-teamet

5.3 EHM-samordnarens roll och ansvar

Koordinera EHM-möten och processer

Säkerställa att mötesstrukturen följs

Fungera som länk mellan olika professioner

Ansvara för dokumentation och uppföljning

5.4 Lärares/mentorers roll och ansvar

Identifiera och rapportera elevernas behov

Delta aktivt i EHM-möten med relevant information

Implementera överenskomna åtgärder i klassrummet

Följa upp och återkoppla om åtgärdernas effekt

5.5 Specialpedagogens/speciallärarens roll och ansvar

Bidra med specialpedagogisk kompetens i analyser och åtgärdsförslag

Handleda lärare i anpassningar och särskilt stöd

Utföra pedagogiska utredningar vid behov

Samordna och utvärdera specialpedagogiska insatser

5.6 Skolsköterskans roll och ansvar

Bidra med medicinsk kompetens och hälsoperspektiv

Utföra hälsoundersökningar och hälsosamtal

Samverka med externa vårdgivare vid behov

Arbeta förebyggande med hälsofrämjande insatser

5.7 Skolkuratorns roll och ansvar

Bidra med psykosocial kompetens i analyser och åtgärdsförslag

Erbjuda stödsamtal till elever och föräldrar

Arbeta förebyggande med skolans psykosociala miljö

Samverka med socialtjänst och andra externa aktörer vid behov

5.8 Skolpsykologens roll och ansvar

Bidra med psykologisk kompetens i analyser och åtgärdsförslag

Utföra psykologiska utredningar vid behov

Handleda personal i psykologiska frågor

Arbeta förebyggande med skolans lärmiljö

5.9 Studie- och yrkesvägledarens roll och ansvar

Bidra med kunskap om utbildningsvägar och arbetsmarknad

Stödja elever i studie- och yrkesval

Samverka med lärare kring studie- och yrkesvägledning i undervisningen

5.10 Övrig skolpersonals roll och ansvar

Bidra med observationer och information från sina respektive områden

Delta i implementering av åtgärder inom sina ansvarsområden

Samverka med EHM-teamet för en helhetssyn på elevernas situation

5.11 Samverkan och kommunikation mellan roller

Strategier för effektiv kommunikation mellan olika professioner

Rutiner för informationsdelning och sekretess

Metoder för att hantera eventuella rollkonflikter

5.12 Flexibilitet i rollfördelningen

Anpassning av roller utifrån skolans storlek och resurser

Hantering av situationer där en person har flera roller

Vikten av att regelbundet se över och utvärdera rollfördelningen

5.13 Kompetensutveckling för olika roller

Identifiera kompetensbehov för olika roller

Planera för kontinuerlig fortbildning och utveckling

Säkerställa att alla roller har nödvändig kunskap om EHM-processen

Genom att tydliggöra roller och ansvarsområden inom EHM-processen skapas förutsättningar för ett effektivt och samordnat elevhälsoarbete. Det är viktigt att alla involverade förstår sin roll och hur den samverkar med andra för att skapa bästa möjliga stöd för eleverna.

6. Från individfokus till grupp- och organisationsnivå

En av de mest betydande förändringarna som EHM-modellen för med sig är skiftet från ett traditionellt individfokus till att även inkludera grupp- och organisationsnivå i analys och åtgärdsplanering. Detta kapitel utforskar varför detta skifte är viktigt, hur det kan genomföras i praktiken och vilka vinster det kan ge för skolans elevhälsoarbete.

6.1 Varför behövs ett bredare perspektiv?

Traditionellt har elevhälsoarbetet ofta haft ett starkt fokus på individen – att identifiera enskilda elevers behov och skapa anpassade lösningar för dem. Även om detta är en viktig del av arbetet, finns det flera skäl till att också inkludera grupp- och organisationsnivå:

Hållbarhet: Individanpassade lösningar kan vara resurskrävande och svåra att upprätthålla över tid. Genom att arbeta på grupp- och organisationsnivå kan man skapa strukturer som gynnar fler elever samtidigt.

Förebyggande arbete: Genom att analysera mönster och trender på grupp- och organisationsnivå kan skolor identifiera riskfaktorer tidigt och sätta in förebyggande insatser.

Helhetssyn: Många individuella problem har sina rötter i faktorer som rör klassrumsmiljön, skolans kultur eller organisatoriska strukturer. Att adressera dessa faktorer kan lösa problem för flera elever samtidigt.

6.2 Vad innebär grupp- och organisationsnivå?

Gruppnivå

På gruppnivå handlar det om att analysera och förstå hur olika grupper – exempelvis klasser, arbetslag eller elevgrupper – fungerar. Här kan fokus ligga på:

Gruppdynamik och sociala relationer

Lärmiljöer och undervisningssituationer

Gemensamma behov eller utmaningar inom en viss grupp

Organisationsnivå

På organisationsnivå handlar det om att se på skolans övergripande strukturer, rutiner och kultur. Här kan fokus ligga på:

Skolans värdegrund och arbetssätt

Ledarskapets påverkan på elevhälsan

Policyer, rutiner och resursfördelning

6.3 Hur skiftar vi perspektivet i praktiken?

Att gå från individfokus till ett bredare perspektiv kräver medvetna förändringar i arbetssättet. Här är några strategier:

6.3.1 Analysera mönster och trender

Samla in data från olika källor (t.ex. elevhälsomöten, enkäter, observationer)

Identifiera återkommande problem eller teman som påverkar flera elever

Diskutera dessa mönster på EHM-möten för att hitta gemensamma lösningar

6.3.2 Ställ rätt frågor

Under möten eller analyser, ställ frågor som:

Är detta ett individuellt problem eller något som påverkar fler elever?

Vilka faktorer i lärmiljön eller organisationen kan bidra till detta problem?

Hur kan vi arbeta förebyggande för att minska risken för liknande problem?

6.3.3 Utveckla gemensamma insatser

Istället för att skapa enskilda lösningar för varje elev:

Planera insatser som gynnar hela klassen eller gruppen (t.ex. förbättra klassrumsmiljön)

Arbeta med skolövergripande projekt (t.ex. stärka skolans värdegrundsarbete)

6.4 Exempel: Från individ till organisation

Exempel 1: Hantering av konflikter i en klass

Individfokus: En elev identifieras som "stökig" och får individuella samtal med kuratorn.

Gruppnivå: Analys visar att konflikterna beror på dålig gruppdynamik i klassen. Insatser sätts in för hela klassen, t.ex. genom samarbetsövningar eller värdegrundsarbete.

Organisationsnivå: Skolan ser ett mönster av konflikter i flera klasser och beslutar att utveckla en ny policy för konflikthantering samt fortbildning för lärare.

Exempel 2: Lärmiljöer

Individfokus: En elev får extra stöd på grund av koncentrationssvårigheter.

Gruppnivå: Analys visar att flera elever har svårt att koncentrera sig i samma klassrumsmiljö. Anpassningar görs i klassrummet (t.ex. ljuddämpning, tydligare struktur).

Organisationsnivå: Skolan gör en övergripande översyn av lärmiljöerna för att skapa bättre förutsättningar för alla elever.

6.5 Utmaningar med perspektivskiftet

Att bredda perspektivet kan möta vissa hinder:

Vanemässigt individfokus: Många är vana vid att tänka på individnivå, vilket kräver medveten träning för att ändra.

Tidsbrist: Det kan kännas enklare att lösa individuella problem än att ta itu med större strukturella frågor.

Resurser: Grupp- och organisationsinsatser kräver ofta mer samordning och resurser.

6.6 Vinsterna med ett bredare perspektiv

Trots utmaningarna finns stora vinster med att inkludera grupp- och organisationsnivå:

Effektivare användning av resurser

Större möjligheter till förebyggande arbete

En mer inkluderande skolmiljö där fler elever får stöd

6.7 Att balansera nivåerna

Det är viktigt att komma ihåg att EHM inte handlar om att välja mellan individ-, grupp-, eller organisationsperspektiv – utan om att balansera dem:

Individperspektivet behövs fortfarande för att möta enskilda elevers behov.

Gruppperspektivet hjälper oss förstå hur sociala sammanhang påverkar eleverna.

Organisationsperspektivet ger oss verktyg för långsiktiga förbättringar.

Genom att bredda perspektivet från individ till grupp och organisation stärker vi skolans kapacitet att skapa hållbara lösningar som gynnar alla elever – inte bara idag utan också i framtiden. I nästa kapitel kommer vi gå igenom praktiska verktyg som kan användas för att stödja detta arbete.

7. Praktiska verktyg: Mallar, checklistor och protokoll

Ett av de mest kraftfulla sätten att göra EHM-arbetet effektivt och strukturerat är att använda praktiska verktyg som mallar, checklistor och protokoll. Dessa verktyg hjälper till att skapa tydlighet, säkerställa att inget viktigt förbises och underlätta uppföljning. I detta kapitel presenterar vi konkreta exempel på verktyg som kan användas för att stödja EHM-processen.

7.1 Varför använda praktiska verktyg?

Att använda mallar, checklistor och protokoll har flera fördelar:

Tydlighet: De skapar en gemensam struktur som alla kan följa.

Effektivitet: De sparar tid genom att minska behovet av att "uppfinna hjulet" vid varje möte.

Dokumentation: De underlättar noggrann dokumentation som kan användas för uppföljning och utvärdering.

Kvalitetssäkring: De säkerställer att viktiga steg i processen inte förbises.

7.2 Mallar för EHM-arbetet

7.2.1 Mötesagenda

En tydlig agenda hjälper deltagarna att hålla fokus och säkerställer att mötet blir produktivt. En typisk agenda för ett EHM-möte kan innehålla:

Syfte med mötet

Kort genomgång av tidigare mötesprotokoll

Nulägesbeskrivning (vad är problemet eller behovet?)

Analys av orsaker och samband

Målformulering

Åtgärdsplanering

Uppföljning och utvärdering

Avslutning och sammanfattning

7.2.2 Handlingsplan

En handlingsplan är ett centralt verktyg för att konkretisera beslutade åtgärder. Den bör innehålla:

Beskrivning av åtgärden

Ansvarig person eller grupp

Tidsram för genomförande

Resurser som behövs

Plan för uppföljning

7.2.3 Protokollmall

En standardiserad protokollmall gör det enkelt att dokumentera möten på ett konsekvent sätt. Protokollet bör innehålla:

Datum och tid för mötet

Deltagare

Ärenden som diskuterats

Beslutade åtgärder

Ansvarsfördelning

Tidpunkt för nästa möte

7.3 Checklistor för EHM-processen

7.3.1 Checklista inför mötet

Förberedelser är nyckeln till ett framgångsrikt EHM-möte. En checklista inför mötet kan inkludera:

Har alla relevanta deltagare bjudits in?

Är agendan tydlig och utskickad i förväg?

Finns nödvändiga underlag (t.ex. elevdata, tidigare protokoll)?

Har rollerna (ordförande, sekreterare) klargjorts?

7.3.2 Checklista under mötet

För att säkerställa att mötet håller fokus och struktur kan följande punkter användas:

Följs agendan?

Är alla deltagare involverade i diskussionen?

Är diskussionerna lösningsfokuserade?

Dokumenteras besluten tydligt?

7.3.3 Checklista efter mötet

Efter mötet är det viktigt att säkerställa att beslutade åtgärder följs upp:

Har protokollet skickats ut till alla deltagare?

Är ansvariga informerade om sina uppgifter?

Har uppföljningsdatum bokats?

7.4 Exempel på protokoll

Här är ett exempel på hur ett EHM-protokoll kan se ut:

Protokoll från Elevhälsomöte

Datum: [Ange datum]

Tid: [Ange tid]

Plats: [Ange plats]

Deltagare: [Lista över deltagare]

1. Inledning:

Sammanfattning av syfte med mötet och föregående mötes beslut.

2. Nulägesbeskrivning:

Kort beskrivning av aktuella ärenden eller behov.

3. Analys:

Diskussion om möjliga orsaker och samband.

4. Målformulering:

Tydliga mål som ska uppnås.

5. Åtgärdsplanering:

Beskrivning av beslutade åtgärder, ansvariga personer och tidsramar.

6. Uppföljning:

Plan för hur åtgärderna ska följas upp.

7. Avslutning:

Sammanfattning av beslut och bokning av nästa möte.

7.5 Digitala verktyg för EHM

I dagens skolmiljö finns det många digitala verktyg som kan underlätta EHM-arbetet:

Dokumenthantering: Använd plattformar som Google Drive eller Microsoft Teams för att dela mallar och protokoll.

Möteshantering: Verktyg som Zoom eller Microsoft Teams fungerar bra för digitala EHM-möten.

Projektledning: Program som Trello eller Asana kan användas för att följa upp åtgärder och deadlines.

7.6 Anpassa verktygen till er skola

Det är viktigt att anpassa mallar, checklistor och protokoll efter skolans specifika behov:

Börja med enkla versioner av mallar och utveckla dem över tid.

Involvera personalen i utformningen så att verktygen känns relevanta.

Utvärdera regelbundet hur väl verktygen fungerar i praktiken.

7.7 Vinsterna med strukturerade verktyg

Genom att använda praktiska verktyg i EHM-arbetet kan skolor:

Skapa en mer strukturerad process där alla vet vad som förväntas.

Minska risken för missförstånd eller bortglömda åtgärder.

Främja en kultur av transparens och ansvarstagande.

Med dessa mallar, checklistor och protokoll får ni en stabil grund för ert elevhälsoarbete – en grund som inte bara gör processen smidigare utan också ökar chanserna till hållbara resultat.

8. Fallstudier: Framgångsrika implementeringar av EHM

I detta kapitel presenterar vi tre fallstudier från skolor som framgångsrikt har implementerat EHM-modellen. Dessa exempel illustrerar hur teorin kan omsättas i praktiken och vilka resultat som kan uppnås.

8.1 Fallstudie 1: Björkskolan - Från kaos till struktur

Bakgrund:

Björkskolan är en F-9 skola med 500 elever. Innan EHM-implementeringen präglades elevhälsoarbetet av ad hoc-lösningar och bristande uppföljning.

Utmaningar:

Låg närvaro på elevhälsomöten

Otydlig ansvarsfördelning

Brist på systematik i åtgärder och uppföljning

Implementering av EHM:

Tydlig struktur för möten infördes

Roller och ansvar definierades

Digitalt system för dokumentation och uppföljning implementerades

Resultat:

30% ökning i närvaro på elevhälsomöten

50% minskning av "återkommande" ärenden

Ökad nöjdhet bland personal och föräldrar

Nyckelfaktorer för framgång:

Starkt ledarskap från rektor

Kontinuerlig utbildning för all personal

Regelbunden utvärdering och anpassning av processen

8.2 Fallstudie 2: Ekskolan - Från individ- till gruppfokus

Bakgrund:

Ekskolan är en gymnasieskola med 800 elever. Skolan hade tidigare ett starkt fokus på individuella åtgärder för elever med svårigheter.

Utmaningar:

Hög arbetsbelastning för specialpedagoger

Bristande helhetssyn på elevernas situation

Svårigheter att skapa hållbara lösningar

Implementering av EHM:

Införde analys på grupp- och organisationsnivå

Utvecklade tvärprofessionella team

Skapade system för tidig identifiering av riskfaktorer

Resultat:

25% minskning av individuella åtgärdsprogram

Förbättrad studiemiljö för hela klasser

Ökad samverkan mellan olika professioner

Nyckelfaktorer för framgång:

Aktivt arbete med att förändra personalens mindset

Tydlig koppling mellan EHM och skolans övergripande mål

Investering i kompetensutveckling

8.3 Fallstudie 3: Alskolan - Digital transformation av EHM

Bakgrund:

Alskolan är en F-6 skola med 300 elever i en landsbygdskommun. Skolan ville effektivisera sitt EHM-arbete genom digitalisering.

Utmaningar:

Geografisk spridning av personal

Tidskrävande pappersarbete

Svårigheter att dela information mellan olika professioner

Implementering av EHM:

Införde en digital plattform för EHM-möten och dokumentation

Skapade digitala mallar och checklistor

Utbildade all personal i digital kompetens

Resultat:

40% minskning av administrativ tid

Ökad tillgänglighet till elevhälsoinformation

Förbättrad samverkan med externa aktörer

Nyckelfaktorer för framgång:

Stegvis implementering av digital teknik

Kontinuerligt stöd och utbildning för personal

Anpassning av digitala verktyg efter skolans specifika behov

8.4 Lärdomar från fallstudierna

Genom att analysera dessa fallstudier kan vi identifiera några gemensamma faktorer som bidrar till framgångsrik implementering av EHM:

Starkt ledarskap: Rektorns engagemang och stöd är avgörande.

Tydlig struktur: En väldefinierad process med tydliga roller och ansvar.

Kontinuerlig kompetensutveckling: Regelbunden utbildning och stöd för all personal.

Flexibilitet och anpassning: Förmåga att anpassa EHM-modellen efter skolans specifika behov.

Helhetssyn: Fokus på både individ-, grupp- och organisationsnivå.

Digitala verktyg: Användning av teknik för att effektivisera processer och förbättra kommunikation.

Utvärdering och förbättring: Regelbunden uppföljning och anpassning av EHM-arbetet.

8.5 Slutsats

Dessa fallstudier visar att framgångsrik implementering av EHM kan leda till betydande förbättringar i skolans elevhälsoarbete. Genom att lära av dessa exempel och anpassa strategierna till den egna skolans kontext, kan andra skolor öka sina chanser att lyckas med EHM-implementeringen.

9. Hantera utmaningar: Vanliga hinder och lösningar

Implementering av EHM-modellen är en process som ofta möter olika utmaningar. I detta kapitel utforskar vi några av de vanligaste hindren och presenterar praktiska lösningar för att övervinna dem.

9.1 Motstånd mot förändring

Utmaning:

Personal kan vara ovillig att överge invanda arbetssätt och skeptiska till nya metoder.

Lösningar:

Involvera personalen i planeringen av EHM-implementeringen.

Erbjud tydlig information om fördelarna med EHM.

Genomför stegvis implementering för att minska känslan av överväldigande förändring.

Uppmärksamma och fira tidiga framgångar för att bygga momentum.

9.2 Tidsbrist

Utmaning:

Personal upplever ofta att de inte har tid för ytterligare möten eller nya arbetsprocesser.

Lösningar:

Integrera EHM i befintliga mötesstrukturer när möjligt.

Effektivisera möten genom tydlig struktur och agenda.

Visa hur EHM kan spara tid på lång sikt genom förebyggande arbete.

Prioritera och omfördela arbetsuppgifter för att skapa utrymme för EHM.

9.3 Brist på samsyn

Utmaning:

Olika yrkesgrupper kan ha skilda perspektiv och prioriteringar, vilket försvårar samarbetet.

Lösningar:

Arrangera gemensamma utbildningstillfällen för att skapa en delad kunskapsbas.

Använd fallstudier och rollspel för att öva på tvärprofessionellt samarbete.

Utveckla en gemensam vision och målsättning för elevhälsoarbetet.

Skapa forum för regelbunden dialog mellan olika yrkesgrupper.

9.4 Otydliga roller och ansvar

Utmaning:

Osäkerhet kring vem som ska göra vad kan leda till ineffektivitet och frustration.

Lösningar:

Skapa tydliga rollbeskrivningar för alla involverade i EHM-processen.

Använd en ansvarsmatris för att visualisera olika rollers ansvar i olika delar av processen.

Genomför regelbundna utvärderingar av rollfördelningen och justera vid behov.

Erbjud mentorskap för personal som är nya i sina roller.

9.5 Bristande uppföljning

Utmaning:

Beslutade åtgärder följs inte alltid upp, vilket minskar effektiviteten i EHM-arbetet.

Lösningar:

Implementera ett digitalt system för att spåra åtgärder och deadlines.

Utse en ansvarig person för uppföljning av varje beslutad åtgärd.

Schemalägg regelbundna uppföljningsmöten.

Skapa en kultur där uppföljning ses som en naturlig del av processen.

9.6 Svårigheter att mäta effekter

Utmaning:

Det kan vara svårt att påvisa konkreta resultat av EHM-arbetet, vilket kan minska motivationen.

Lösningar:

Utveckla tydliga, mätbara mål för EHM-arbetet.

Använd både kvantitativa (t.ex. närvarodata) och kvalitativa (t.ex. elevintervjuer) mätmetoder.

Genomför regelbundna enkäter bland personal och elever för att mäta upplevd förändring.

Dokumentera och dela framgångshistorier för att synliggöra positiva effekter.

9.7 Begränsade resurser

Utmaning:

Skolor kan uppleva att de saknar nödvändiga resurser (personal, tid, pengar) för att implementera EHM fullt ut.

Lösningar:

Börja i liten skala och expandera gradvis.

Identifiera och omfördela befintliga resurser mer effektivt.

Sök samarbeten med andra skolor eller externa partners för att dela resurser.

Visa på långsiktiga kostnadsbesparingar genom förebyggande arbete för att motivera investeringar.

9.8 Sekretess och informationsdelning

Utmaning:

Osäkerhet kring vad som kan delas mellan olika yrkesgrupper kan hämma samarbetet.

Lösningar:

Erbjud tydlig utbildning i sekretesslagstiftning och dess tillämpning i EHM-arbetet.

Utveckla riktlinjer för informationsdelning inom EHM-teamet.

Använd samtyckesblankett från vårdnadshavare när det är lämpligt.

Fokusera diskussioner på åtgärder och stöd snarare än känslig personlig information.

9.9 Slutsats

Att hantera dessa utmaningar kräver tålamod, flexibilitet och ett kontinuerligt förbättringsarbete. Genom att proaktivt adressera vanliga hinder och implementera praktiska lösningar kan skolor skapa en solid grund för ett framgångsrikt EHM-arbete. Kom ihåg att varje utmaning också är en möjlighet till lärande och utveckling av processen.

10. Uppföljning och utvärdering: Mäta framgång i EHM-arbetet

Att systematiskt följa upp och utvärdera EHM-arbetet är avgörande för att säkerställa dess effektivitet och kontinuerliga förbättring. Detta kapitel ger en detaljerad guide för hur skolor kan mäta framgången i sitt EHM-arbete.

10.1 Vikten av systematisk uppföljning och utvärdering

Uppföljning och utvärdering är två separata men sammanlänkade processer som är centrala för ett framgångsrikt EHM-arbete:

Uppföljning:

Kontinuerlig process som sker löpande

Fokuserar på att övervaka implementeringen av beslutade åtgärder

Hjälper till att identifiera och lösa problem snabbt

Utvärdering:

Sker vid bestämda tidpunkter (t.ex. terminsvis eller årligen)

Bedömer effekten av EHM-arbetet i sin helhet

Informerar om långsiktiga strategier och förbättringsområden

Genom att integrera både uppföljning och utvärdering i EHM-processen skapar skolor en solid grund för evidensbaserat beslutsfattande och kontinuerlig utveckling.

10.2 Metoder för uppföljning

10.2.1 Regelbundna EHM-möten

Schemalägg uppföljningsmöten med fast intervall (t.ex. varannan vecka)

Använd en strukturerad agenda som inkluderar genomgång av pågående åtgärder

Dokumentera framsteg och utmaningar för varje åtgärd

10.2.2 Dokumentation genom tankekartor och "spindeldokument"

Skapa visuella representationer av åtgärder och deras samband

Använd färgkodning för att indikera status (t.ex. grön för slutfört, gul för pågående, röd för försenat)

Uppdatera dokumenten kontinuerligt för att spegla aktuell status

10.2.3 Digitala verktyg för uppföljning

Implementera ett projekthanteringsverktyg anpassat för EHM (t.ex. Trello, Asana)

Använd påminnelser och notifieringar för att säkerställa att deadlines hålls

Generera automatiska rapporter för att få en överblick över framsteg

10.3 Utvärderingsstrategier

10.3.1 Terminsvis utvärdering

Genomför en omfattande utvärdering i slutet av varje termin

Involvera all berörd personal i utvärderingsprocessen

Använd en kombination av kvantitativa och kvalitativa metoder

10.3.2 Analys av trender och mönster

Granska dokumentation från EHM-möten över tid

Identifiera återkommande teman eller utmaningar

Analysera effektiviteten av olika typer av åtgärder

10.3.3 Elevhälsans strategiska möten (EHS)

Håll regelbundna strategiska möten med fokus på övergripande utvärdering

Diskutera långsiktiga mål och strategier

Använd insikter från dessa möten för att informera framtida EHM-arbete

10.4 Mätbara indikatorer på framgång

10.4.1 Kvantitativa mått

Närvaro: Följ förändringar i elevnärvaro över tid

Betyg: Analysera betygsutveckling på individ- och gruppnivå

Antal åtgärdsprogram: Mät förändring i antalet aktiva åtgärdsprogram

Incidenter: Spåra frekvensen av disciplinära åtgärder eller konflikter

10.4.2 Kvalitativa mått

Elevenkäter: Genomför regelbundna enkäter om skolmiljö och trivsel

Personalintervjuer: Samla in djupgående feedback från lärare och övrig personal

Observationer: Utför strukturerade observationer av klassrumsmiljö och interaktioner

10.5 Att involvera elever och vårdnadshavare

10.5.1 Metoder för att samla in feedback

Elevråd: Använd elevrådet som en kanal för att samla in elevers perspektiv på EHM-arbetet

Föräldramöten: Inkludera diskussioner om EHM i föräldramöten och samla in synpunkter

Digitala enkäter: Använd korta, regelbundna online-enkäter för att få snabb feedback

10.5.2 Hälsosamtal som underlag för utvärdering

Integrera frågor relaterade till EHM i skolsköterskans hälsosamtal

Analysera trender i elevernas svar över tid

Använd insikter från hälsosamtal för att informera EHM-strategier

10.6 Att använda resultat för kontinuerlig förbättring

10.6.1 Datadriven beslutsfattning

Presentera utvärderingsresultat på ett lättförståeligt sätt (t.ex. genom visualiseringar)

Diskutera resultaten i EHM-teamet och med skolledningen

Använd insikter för att justera och förbättra EHM-strategier

10.6.2 Anpassning av strategier

Identifiera framgångsrika metoder och skala upp dem

Revidera eller avsluta ineffektiva åtgärder

Utveckla nya strategier baserade på utvärderingsresultat

10.6.3 Kompetensutveckling

Använd utvärderingsresultat för att identifiera områden där personalen behöver ytterligare stöd eller utbildning

Planera riktade fortbildningsinsatser baserat på identifierade behov

10.7 Slutsats

Genom att implementera robusta metoder för uppföljning och utvärdering kan skolor säkerställa att deras EHM-arbete förblir effektivt och relevant. Nyckeln ligger i att skapa en kultur av kontinuerligt lärande och förbättring, där data och feedback används aktivt för att driva positiv förändring. Kom ihåg att processen för uppföljning och utvärdering i sig bör vara föremål för regelbunden översyn och anpassning för att möta skolans föränderliga behov.

11. EHM och förebyggande arbete: Proaktiva strategier

Förebyggande arbete är en central del av EHM-modellen och syftar till att skapa en hälsofrämjande skolmiljö som stödjer alla elevers utveckling och lärande. Detta kapitel utforskar proaktiva strategier för att implementera ett effektivt förebyggande arbete inom ramen för EHM.

11.1 Grundprinciper för förebyggande arbete

Salutogent perspektiv

Fokusera på faktorer som främjar hälsa och välbefinnande

Identifiera och stärka elevernas resurser och förmågor

Skapa en skolkultur som betonar möjligheter snarare än begränsningar

Helhetssyn på elevens situation

Beakta samspelet mellan fysiska, psykiska och sociala faktorer

Analysera både individuella och miljömässiga aspekter

Involvera elever, vårdnadshavare och skolpersonal i det förebyggande arbetet

11.2 Tidiga insatser

Systematisk screening

Implementera regelbundna screeningtester för att identifiera elever i riskzonen

Använd både akademiska och socioemotionella indikatorer

Utveckla tydliga rutiner för uppföljning av screeningresultat

Snabb respons

Skapa system för snabb intervention när behov identifieras

Utbilda personal i att känna igen tidiga varningstecken

Etablera tydliga kommunikationsvägar mellan lärare och elevhälsoteam

11.3 Fokus på grupp- och organisationsnivå

Klassrumsklimat

Arbeta aktivt med att skapa ett positivt och inkluderande klassrumsklimat

Implementera program för social och emotionell inlärning

Utbilda lärare i proaktiv klassrumsledning

Skolövergripande insatser

Utveckla en gemensam värdegrund och förhållningssätt

Implementera skolövergripande program för att främja psykisk hälsa

Skapa fysiska miljöer som stödjer lärande och välbefinnande

11.4 Samverkan för förebyggande arbete

Tvärprofessionellt samarbete

Skapa strukturer för regelbundet samarbete mellan olika professioner

Utveckla gemensamma mål och strategier för det förebyggande arbetet

Utnyttja olika professioners kompetenser i planering och genomförande av insatser

Extern samverkan

Etablera samarbete med externa aktörer som socialtjänst och barn- och ungdomspsykiatri

Involvera lokala föreningar och organisationer i skolans förebyggande arbete

Utveckla partnerskap med universitet för forskningsbaserade interventioner

11.5 Hälsofrämjande skolmiljö

Fysisk arbetsmiljö

Säkerställ att skolans lokaler är anpassade för olika lärstilar och behov

Skapa utrymmen för både aktivitet och återhämtning

Implementera ergonomiska lösningar för att främja fysisk hälsa

Psykosocial arbetsmiljö

Arbeta aktivt mot mobbning och kränkande behandling

Främja positiva relationer mellan elever och mellan elever och personal

Skapa möjligheter för elevinflytande och delaktighet i skolans utveckling

11.6 Kompetensutveckling som förebyggande strategi

Kontinuerlig fortbildning

Erbjud regelbunden fortbildning i förebyggande och hälsofrämjande arbetssätt

Implementera kollegialt lärande kring proaktiva strategier

Säkerställ att all personal har grundläggande kunskaper om psykisk hälsa och välbefinnande

Evidensbaserad praktik

Håll personalen uppdaterad om aktuell forskning inom förebyggande arbete

Implementera evidensbaserade metoder och program

Utvärdera och anpassa insatser baserat på vetenskaplig grund och beprövad erfarenhet

11.7 Utvärdering och kvalitetssäkring

Systematisk uppföljning

Utveckla tydliga indikatorer för att mäta effekten av förebyggande insatser

Genomför regelbundna utvärderingar av det förebyggande arbetet

Använd både kvantitativa och kvalitativa metoder för att få en helhetsbild

Kontinuerlig förbättring

Analysera utvärderingsresultat för att identifiera förbättringsområden

Involvera elever och personal i utvecklingen av nya förebyggande strategier

Var flexibel och beredd att anpassa insatser baserat på nya insikter och behov

Genom att implementera dessa proaktiva strategier inom ramen för EHM kan skolor skapa en miljö som främjar alla elevers hälsa, utveckling och lärande. Det förebyggande arbetet blir därmed en integrerad del av skolans dagliga verksamhet och bidrar till att minska behovet av reaktiva åtgärder.

12. Framtiden för EHM: Trender och utvecklingsmöjligheter

EHM-modellen fortsätter att utvecklas och anpassas för att möta framtidens utmaningar inom elevhälsoarbetet. Detta kapitel utforskar de trender och möjligheter som formar framtiden för EHM.

12.1 Digitalisering av EHM-processen

AI-stöd i undervisningen och elevhälsoarbetet

Implementering av AI-verktyg för att analysera elevdata och identifiera tidiga varningstecken

Användning av adaptiva lärsystem för att skräddarsy undervisning och stöd

AI-assisterade beslutsstödsystem för EHM-team

Digitala plattformar för samverkan och dokumentation

Utveckling av integrerade system för att underlätta informationsdelning mellan olika professioner

Implementering av säkra molnbaserade lösningar för EHM-dokumentation

Användning av virtuella mötesrum för att öka flexibiliteten i EHM-arbetet

12.2 Evidensbaserad praktik

Ökad forskning kring EHM-modellens effektivitet

Longitudinella studier för att mäta långsiktiga effekter av EHM

Jämförande studier mellan skolor som använder EHM och traditionella modeller

Forskning kring EHM:s påverkan på olika elevgrupper och skolmiljöer

Integrering av forskningsresultat i det dagliga arbetet

Utveckling av "best practice"-riktlinjer baserade på aktuell forskning

Implementering av kontinuerliga utvärderingssystem för att mäta EHM:s effektivitet

Skapande av nätverk för kunskapsutbyte mellan skolor som arbetar med EHM

12.3 Personcentrerad elevhälsa

Anpassning av EHM till individuella elevers behov

Utveckling av mer flexibla EHM-modeller som kan anpassas efter elevens specifika situation

Implementering av personliga hälsoplaner inom ramen för EHM

Ökad användning av elevernas egna berättelser och perspektiv i EHM-processen

Ökad elevdelaktighet i EHM-processen

Involvering av elever i EHM-möten när det är lämpligt

Utveckling av elevvänliga verktyg för självrapportering och feedback

Skapande av elevråd specifikt fokuserade på elevhälsofrågor

12.4 Utökad samverkan

Utveckling av samarbetsmodeller med externa aktörer

Starkare kopplingar mellan EHM och primärvård, barn- och ungdomspsykiatri samt socialtjänst

Implementering av "en väg in"-modeller för att förenkla tillgången till stöd utanför skolan

Utveckling av gemensamma digitala plattformar för informationsdelning mellan skola och externa aktörer

Integrering av EHM i större samhällskontext

Koppling av EHM-arbetet till bredare folkhälsoinitiativ

Samarbete med lokala föreningar och organisationer för att stärka det förebyggande arbetet

Utveckling av EHM-modeller som inkluderar familjeperspektivet mer aktivt

12.5 Fokus på psykisk hälsa

EHM:s roll i att möta ökande psykisk ohälsa bland elever

Utveckling av specialiserade EHM-protokoll för att hantera psykisk ohälsa

Implementering av screeningverktyg för tidig identifiering av psykiska hälsoproblem

Ökad kompetensutveckling inom psykisk hälsa för all skolpersonal

Utveckling av nya verktyg för att främja psykiskt välbefinnande

Integrering av mindfulness och stresshanteringstekniker i EHM-arbetet

Utveckling av digitala applikationer för självhjälp och stöd kopplat till EHM

Implementering av peer-support-program inom ramen för EHM

12.6 Hållbar skolutveckling

EHM som en del av ett större skolutvecklingsperspektiv

Integrering av EHM i skolans övergripande kvalitetsarbete

Utveckling av EHM-modeller som stödjer hela skolans systematiska förbättringsarbete

Koppling av EHM till andra pedagogiska innovationer och utvecklingsområden

Långsiktiga strategier för implementering och vidareutveckling

Skapande av nationella riktlinjer för EHM-implementering

Utveckling av certifieringsprogram för skolor som arbetar med EHM

Etablering av regionala kompetenscenter för kontinuerlig utveckling av EHM-modellen

Genom att vara uppmärksam på dessa trender och proaktivt arbeta med utvecklingsmöjligheter kan skolor säkerställa att deras EHM-arbete förblir relevant, effektivt och anpassat till framtidens utmaningar inom elevhälsa och utbildning.

13. Sammanfattning: Nycklar till framgångsrikt EHM-arbete

I detta avslutande kapitel sammanfattar vi de viktigaste insikterna och strategierna för att implementera och upprätthålla ett framgångsrikt EHM-arbete. Dessa nyckelfaktorer representerar essensen av vad vi har utforskat genom boken och erbjuder en guide för skolor som strävar efter att optimera sitt elevhälsoarbete.

13.1 Tydlig struktur och systematik

En av grundpelarna i ett effektivt EHM-arbete är en väldefinierad struktur och ett systematiskt tillvägagångssätt.

Regelbundna möten

Schemalägg EHM-möten med fast frekvens, exempelvis varannan vecka

Säkerställ att mötena har en tydlig agenda och målsättning

Involvera relevanta professioner i varje möte

Dokumentation och uppföljning

Använd standardiserade mallar för dokumentation av möten och beslut

Implementera ett system för att spåra åtgärder och deras effekter över tid

Genomför regelbundna uppföljningar av beslutade insatser

Processutvärdering

Utvärdera EHM-processen terminsvis eller årligen

Involvera all personal i utvärderingen för att få en bred bild

Använd utvärderingsresultaten för att kontinuerligt förbättra processen

13.2 Tvärprofessionell samverkan

EHM-modellens styrka ligger i dess förmåga att samla olika kompetenser för en holistisk approach till elevhälsa.

Teambuilding

Investera tid i att bygga starka relationer inom EHM-teamet

Genomför regelbundna teambyggande aktiviteter

Skapa en kultur av ömsesidig respekt och värdesättande av olika perspektiv

Tydliga roller och ansvar

Definiera tydligt varje professions roll inom EHM-arbetet

Säkerställ att alla teammedlemmar förstår sina och andras ansvarsområden

Var flexibel och beredd att omfördela ansvar vid behov

Effektiv kommunikation

Etablera tydliga kommunikationskanaler inom teamet

Använd ett gemensamt språk och terminologi

Uppmuntra öppen och ärlig kommunikation

13.3 Fokus på förebyggande och hälsofrämjande arbete

Att skifta fokus från reaktivt till proaktivt arbete är en nyckel till långsiktig framgång med EHM.

Salutogent perspektiv

Fokusera på faktorer som främjar hälsa och välbefinnande

Identifiera och stärk skyddsfaktorer på individ-, grupp- och skolnivå

Implementera program som bygger på elevernas styrkor och resurser

Tidiga insatser

Utveckla system för tidig identifiering av riskfaktorer

Implementera snabba och målinriktade insatser vid första tecken på problem

Utbilda all personal i att känna igen tidiga varningstecken

Universella insatser

Implementera skolövergripande program för att främja psykisk hälsa och
välbefinnande

Skapa en skolmiljö som stödjer alla elevers utveckling och lärande

Involvera hela skolgemenskapen i det hälsofrämjande arbetet

13.4 Kontinuerlig kompetensutveckling

För att EHM ska förbli effektivt måste all personal kontinuerligt utveckla sin
kompetens.

Regelbunden fortbildning

Erbjud återkommande utbildningstillfällen kring EHM och relaterade ämnen

Uppmuntra personal att delta i konferenser och workshops

Skapa möjligheter för personalen att dela kunskap och erfarenheter

Kollegialt lärande

Implementera system för peer-to-peer lärande inom EHM-teamet

Organisera regelbundna fallstudiediskussioner

Uppmuntra skuggning och mentorskap mellan teammedlemmar

Evidensbaserad praktik

Håll teamet uppdaterat om aktuell forskning inom elevhälsa

Implementera evidensbaserade metoder och program

Uppmuntra kritiskt tänkande och reflektion kring praxis

13.5 Flexibilitet och anpassningsförmåga

EHM-modellen måste vara flexibel nog att anpassas till varje skolas unika kontext och behov.

Kontextuell anpassning

Anpassa EHM-modellen till skolans storlek, resurser och elevsammansättning

Var beredd att modifiera processer baserat på feedback och erfarenheter

Balansera struktur med flexibilitet för att möta oväntade utmaningar

Innovativ problemlösning

Uppmuntra kreativt tänkande inom EHM-teamet

Var öppen för att testa nya metoder och tillvägagångssätt

Lär av både framgångar och misslyckanden

Responsivitet till förändring

Håll EHM-processen uppdaterad med förändringar i skolmiljön och samhället

Var beredd att snabbt anpassa strategier vid kriser eller oväntade händelser

Genomför regelbundna omvärldsanalyser för att förutse framtida behov

13.6 Ledarskap och förankring

Starkt ledarskap och bred förankring är avgörande för EHM:s framgång.

Rektorns roll

Säkerställ att rektor aktivt stödjer och driver EHM-arbetet

Integrera EHM i skolans övergripande vision och strategi

Allokera nödvändiga resurser för att stödja EHM-arbetet

Förankring i hela organisationen

Involvera all personal i utvecklingen av EHM-strategier

Kommunicera regelbundet om EHM:s betydelse och framsteg

Skapa en skolkultur där elevhälsa är allas ansvar

Politisk och administrativ förankring

Säkerställ stöd från skolnämnd och förvaltning

Koppla EHM-arbetet till kommunala och nationella mål för skolan

Kommunicera EHM:s värde och resultat till beslutsfattare

13.7 Elevcentrerat perspektiv

I centrum för allt EHM-arbete måste elevernas bästa alltid stå.

Elevdelaktighet

Involvera elever i utformningen av EHM-strategier

Skapa forum för elevers röster att höras i elevhälsofrågor

Anpassa kommunikation och insatser efter elevernas ålder och mognad

Individanpassning

Säkerställ att EHM-insatser är anpassade efter varje elevs unika behov

Balansera gruppfokus med individuellt stöd

Respektera elevers integritet och rätt till självbestämmande

Helhetssyn på eleven

Beakta elevens hela livssituation i EHM-arbetet

Samverka med vårdnadshavare och andra viktiga personer i elevens liv

Främja en holistisk syn på hälsa och välbefinnande

13.8 Utvärdering och kvalitetssäkring

Kontinuerlig utvärdering och kvalitetssäkring är nyckeln till långsiktig framgång med EHM.

Systematisk datainsamling

Implementera system för att samla in relevant data om EHM-arbetet

Använd både kvantitativa och kvalitativa metoder för datainsamling

Säkerställ att datainsamlingen är etisk och respekterar elevers integritet

Regelbunden analys

Analysera insamlad data för att identifiera trender och mönster

Använd analysen för att informera beslutsfattande och strategiutveckling

Involvera olika perspektiv i analysprocessen

Kontinuerlig förbättring

Använd utvärderingsresultat för att kontinuerligt förbättra EHM-processen

Sätt tydliga mål för förbättring och följ upp dessa regelbundet

Fira framgångar och lär av utmaningar

Genom att fokusera på dessa nyckelfaktorer kan skolor skapa en solid grund för ett framgångsrikt och hållbart EHM-arbete. Kom ihåg att implementering av EHM är en resa snarare än en destination - det kräver ständig uppmärksamhet, engagemang och anpassning. Med rätt verktyg, strategier och mindset kan EHM bli en kraftfull motor för att främja elevernas hälsa, utveckling och lärande.

14. Slutord: En ny era för elevhälsa

När vi nu står vid slutet av denna resa genom EHM-modellens värld, är det dags att lyfta blicken och se framåt. EHM representerar inte bara en förändring i hur vi organiserar elevhälsoarbetet – det är en revolution i hur vi tänker kring elevernas välbefinnande och utveckling.

Genom att implementera EHM tar vi steget från ett reaktivt till ett proaktivt förhållningssätt. Vi går från att "släcka bränder" till att skapa en miljö där elever kan blomstra. Detta skifte är mer än bara en organisatorisk förändring – det är en förändring i vår grundsyn på vad skolan kan och bör vara.

Tänk dig en skola där:

Varje elev känner sig sedd, hörd och värdefull

Lärare och elevhälsopersonal arbetar sömlöst tillsammans för elevernas bästa

Tidiga insatser förhindrar att små utmaningar växer till stora problem

Hela skolmiljön genomsyras av en känsla av gemenskap och omsorg

Detta är inte en utopi – det är den verklighet som EHM kan hjälpa oss att skapa.

Men kom ihåg: EHM är inte en magisk lösning. Det är ett verktyg, ett ramverk som kräver engagemang, tålamod och hårt arbete för att nå sin fulla potential. Det kommer att finnas utmaningar längs vägen, men med varje utmaning kommer också möjligheter till lärande och utveckling.

När du implementerar EHM i din skola, kom ihåg att du är en del av något större. Du är med och formar framtidens skola – en skola där elevhälsa inte är en sidoaktivitet, utan en integrerad del av varje aspekt av skolans liv.

Låt oss avsluta med en uppmaning till handling:

Var modig nog att utmana status quo

Var uthållig i ditt engagemang för förändring

Var öppen för att lära och utvecklas tillsammans med dina kollegor och elever

Och framför allt, var stolt över det viktiga arbete du gör

För i slutändan handlar EHM om mer än bara möten, processer och strukturer. Det handlar om att skapa en skola där varje elev har de bästa förutsättningarna att växa, lära och må bra. Det handlar om att forma en framtid där elevhälsa är en självklar del av skolans DNA.

Så ta med dig insikterna från denna bok, inspirera dina kollegor, och börja resan mot en ny era av elevhälsoarbete. Tillsammans kan vi skapa skolor där varje elev inte bara överlever, utan verkligen lever och blomstrar.

Lycka till på er resa med EHM – framtiden för elevhälsa börjar här och nu, med dig.

Förlag: BoD · Books on Demand, Östermalmstorg 1,
114 42 Stockholm, Sverige, bod@bod.se
Tryck: Libri Plureos GmbH, Friedensallee 273,
22763 Hamburg, Tyskland
ISBN: 978-91-8080-901-6